LITTERATEUR

I write, therefore I am

目　錄 *Contents*

莎 士 比 亞

「玫瑰不叫玫瑰，依然芬芳如故。」

1564 年 4 月 23 日～ 1616 年 4 月 23 日

威廉·莎士比亞

我們呱呱墜地時大哭，
因為來到這盡是傻瓜的偌大舞台。

When we are born, we cry that are come to this great stage of fools.

——《李爾王》

William Shakespeare

文 豪 檔 案

　　莎士比亞，常被尊稱為莎翁，為歐洲文藝復興時期最偉大的劇作家和詩人，也是英國文學史上最具影響力的文學巨擘。英國文豪湯瑪斯・卡萊爾更曾表示：「和英國失去印度比起來，失去莎士比亞才是更嚴重的損失。」其主要代表作為《羅密歐與茱麗葉》、《哈姆雷特》、《仲夏夜之夢》等。

創 作 風 格

　　莎士比亞多才多藝，擁有多重身分和職業，包括詩人、編劇、演員、劇團創辦人……等，他一生創作過許多劇本和詩歌，共發表了 38 部戲劇作品、2 首長敘事詩及 154 首十四行詩。其作品擅長闡述當代資產階級的人文主義思想，卻又不失藝術性、創造力及想像力。他的作品內容廣泛，接受度更是不分階級，上至貴族階級，下至市井小民，都能輕易吸收他的文學，並為之著迷。

出生地　　英格蘭沃里克郡「雅芳河畔史特拉福（Stratford-Upon-Avon）」，或簡稱「史特拉福（Stratford）」，這個原本默默無聞的小鎮，因莎士比亞而聞名世界，也因此成為旅遊觀光勝地，一年接待的遊客量約 500 萬人。

生死巧合　　莎士比亞的生日與忌日同為 4 月 23 日，如此巧合極為罕見。為了紀念莎士比亞對文學的貢獻，英國將這天訂為「莎士比亞戲劇節」，每年於各處都可見相關的紀念活動。

人生如戲！莎士比亞的戲夢人生

莎士比亞出生於富裕之家，父親約翰·莎士比亞（John Shakespeare）是位皮製手套商人，兼做羊毛生意，也經營過雜貨店，更曾擔任參議員、市長一職。莎士比亞的母親瑪麗·阿登（Mary Arden）則是大地主的女兒，出嫁時帶來了大片土地和金錢作為嫁妝。在這種經濟條件下，父母自然對家中長子莎士比亞有很大的期望，他 7 歲時就被送進愛德華六世國王新學校，學習拉丁語與文學，而拉丁語是當時文化與教養的象徵，也是躋身上流社會的基本門票。學校裡的老師以拉丁語訓練學生演出戲劇，因此莎士比亞從小就接觸了戲劇和表演，對日後的創作有很大的影響。

© Wikimedia Commons

▲ 此幅被認為是莎士比亞留下唯一的真正肖像畫，其他都是出自於想像或回憶之作。

© Wikimedia Commons

▲ 莎士比亞肖像畫，由知名畫家傑拉德·索斯特所繪。

✆ 家道中落，輟學謀生

莎士比亞 13 歲時家道中落、債務累累，15 歲就此輟學，求學之路不如預期順遂，但他不因為進不了名校而受挫，家庭的巨變對他來說反而成了一大助力。從小就幫忙父親打點皮手套、羊毛生意的他，很早就習得了同齡孩子沒有的生存技能，也曾在家裡開設的雜貨店幫忙顧店，不知不覺培養了經商的頭腦。這些成長背景都反應在他的戲劇創作中，例如：從

小耳濡目染的皮手套，就出現在《羅密歐與茱麗葉》中，羅密歐說他渴望成為茱麗葉手上戴的那隻手套，這種以物傳達的激情，給予讀者和觀眾深刻又浪漫的印象。

∞ 奉子成婚，年紀輕輕就成家

現代流行的姊弟戀，莎士比亞可說是先驅，當時年僅 18 歲的莎士比亞，與比他大 8 歲的安海瑟薇（Anne Hathaway）於 1582 年 11 月 8 日奉子成婚。安海瑟薇出身農民之家，從小體弱多病，但心地善良的她，不論婚前婚後，總在莎士比亞低潮時給他最大的安慰，是位溫柔賢淑的妻子，婚後兩人共育有三名子女：老大蘇珊娜（Susanna）、雙胞胎哈姆內特（Hamnet）和朱迪思（Judith）。在雙胞胎出生後，家中人口變多，開銷變大，莎士比亞不得不考慮離開家鄉謀求發展。另外，1596 年 8 月，

© Wikimedia Commons
▲ 莎士比亞的肖像，左右兩邊的上方則描繪了他的書房及出生地。

莎士比亞 11 歲的兒子哈姆內特（Hamnet）逝世，後來他所創作的《哈姆雷特（Hamlet）》更被揣測是為了紀念逝去的兒子。

∞ 前往倫敦，意外開啟戲劇生涯

1587 年，年僅 23 歲的莎士比亞帶著微薄的錢前往倫敦，一開始沒有工作，窮到每天到書攤上看免費的書度過一天。某日，他發現書攤附近有劇場即將開演，又從書攤老闆口中得知關於當地知名喜劇演員的

二三事，引起他對劇場的好奇心，於是口袋空空的莎士比亞，走至即將開演的劇場，卻沒有足夠的錢買票入場，因緣際會下在劇場門口遇到劇場老闆，更受雇當了雜役，在劇場外負責幫觀眾看管馬匹。

莎士比亞因為接觸劇場工作，耳濡目染下，逐漸對此產生極大興趣，更喚起了他想當詩人的夢想。原本在劇場擔任雜役的他，才華慢慢地被發掘，陸續成為提詞人、演員，

© Wikimedia Commons

更開始創作起劇本。起初，莎士比亞的劇本創作被當時的專業編劇恥笑，嫌他寫出來的作品像是沒受過教育的文筆，更直接批評他「只懂一點拉丁文和希臘文」。但莎士比亞無視這些嘲諷的聲音，反而更努力於劇本創作，不久就闖出一片天，成為戲劇界出類拔萃的人才，更受到當時英國女王伊莉莎白的高度賞識。

© Elliott Brown from Birmingham, United Kingdom,Wikimedia Commons
▲ 位於史特拉福亨利街上的莎士比亞雕像。

ଓ 成就及對後世的影響

莎士比亞在世時，被英國人尊稱為詩人和劇作家，但直到他過世後的 19 世紀，才達到今日不可撼動的文學地位，並於 20 世紀起，盛名遠播至亞洲、非洲、拉丁美洲三大地區，世界各地有越來越多人知道他，新學術運動者更喜歡改編或深度分析其作品的文學價值。莎士比亞的作品流傳至今，依然廣受文學人士尊崇，四百多年以來，經典名作持續以不同形式在世界各地演出，受歡迎的程度堪稱無人能敵。值得一提的是，莎士比亞的姓氏拼法出現過許多版本，他

只有親筆簽過一次「Shakespeare」，因此後世推論他真正的名字拼法，有可能是「Shakspere」或「Shakspe」，即使如此，大家還是以「Shakespeare」為主。

© Tony Hisgett, Wikimedia Commons

▲ 莎士比亞的簽名

∞ 造詞大師！莎翁豐富了英文詞彙 ∞

根據統計莎士比亞在作品中，一共創造了多達 1700 個英文單字，有些字甚至到現在仍被廣泛使用，例如：《奧賽羅》中的「Addiction（上癮、興趣）」、《約翰王》中的「Cold blooded（冷血的、無情的）」、《仲夏夜之夢》的「Manager（經理、管理者）」、《亨利五世》的「Dawn（黎明、天亮）」、《羅密歐與茱麗葉》中的「Uncomfortable（令人不適的、不幸的）」。想不到這些字都出自於他吧！莎士比亞從古至今，都以文字的形式存在於人們的生活中。

更有趣的是，莎士比亞筆下創作的鮮明角色，其名字也成了富有延伸意思的英文單字，例如：「Hamlet（哈姆雷特）」，就被人用來形容「猶豫不決的人」；「Romeo（羅密歐）」，也成了「花花公子」的代名詞。以如此生動的文學角色來形容人的個性，更能引發共鳴，經典的好文學，就是擁有如此神奇的魔力，而且世世代代永垂不朽！

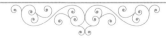

© Crisco 1492, Wikimedia Commons

▲ 在維多利亞州立圖書館的頂樓，有幅高達三公尺的莎士比亞之窗，為澳洲第一幅人物像彩色玻璃。

莎翁筆下的浮生百態

莎士比亞劇作的藝術特色，除了豐富生動的情節之外，他筆下創作的人物，多具有高鮮明度，擅長刻畫人性的他，設定的角色都有著多面向的個性，例如：善良的人也偶爾會產生邪惡的念頭。莎士比亞被譽為「世界上最會說故事的人」，他所創作的喜劇、悲劇、歷史劇、冒險劇及愛情劇，每部作品都有各自的特色和無可取代之處，思想亦透過情節及人物，自然地呈現出來。莎士比亞在早期、中期和晚期的創作，也深受當時英國政治及社會環境影響，而表現出不同的特點。

© Wikimedia Commons

▲ 由英國科布家族收藏的這幅畫，也被認為是莎士比亞生前的肖像畫。

✂ 早期：對現實社會讚美多過批評
（約 1590～1600 年）

由伊莉莎白一世統治的英國，經濟繁榮，文藝復興運動盛行，莎士比亞作品裡的人文主義思想和獨特的藝術風格逐漸形成，他以巧妙的情

© Wikimedia Commons

▲ 威廉·莎士比亞 1616 年手寫遺囑的最後一頁

節反映社會現況，此時期的創作風格較為正向、樂觀，對現實社會讚美多過批評，這些也都印證在作品中，如喜劇《第十二夜》和《仲夏夜之夢》，深刻描寫了男女主角在愛情及婚姻中的糾結，其追求自由戀愛的精神，也與當時的社會制度形成了對比。而悲劇《羅密歐與茱麗葉》則反映了理想的愛情境界和封建惡習的衝突。

❧ 中期：以悲憤情緒為創作起點
（約 1601 ～ 1608 年）

© Gerda Arendt, Wikimedia Commons
▲ 威廉‧莎士比亞紀念碑，
德國伊爾姆公園。

此時期英國社會發生巨變，新上任的詹姆士一世讓人民陷於痛苦中，社會上的矛盾對立越演越激烈，政治態勢亦不明朗，人們多半處於悲憤的情緒中。莎士比亞也變得較為悲觀，此時期的創作風格常以悲憤情緒為起點，同時也藉此代表人民發聲。他最著名的四大悲劇《哈姆雷特》、《奧賽羅》、《李爾王》與《馬克白》就此誕生，這幾部代表他創作高峰的悲劇，主角設定多半為野心勃勃、壯志未酬的性格，透過作品角色內心的掙扎和陰謀，勇於揭露現實的矛盾和醜陋的面貌。

❧ 晚期：尋找超現實和現實間的平衡
（約 1609 ～ 1613 年）

在詹姆士一世混亂的治理下，社會現象更為矛盾不安，人民對於理想與現實的距離越拉越遠感到慌張。莎士比亞選擇將希望寄託於創作中，企圖以超現實、超自然的力量，與現實中的諸多矛盾調和，來取得兩者的平衡點。此時期的作品經常暗中批判社會，如《暴風雨》雖然描寫了黑暗的現實，但莎士比亞主要的目的並非批判，而是希望鼓勵人們勇於寬恕、努力調解，提倡以「善念」回報陰謀，如此近乎烏托邦式的理想世界，被不少人認為過於虛無飄渺、不切實際，但若從文學藝術方面來看，他晚期的創作仍具有高度價值。

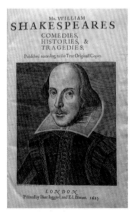

© Wikimedia Commons
▲1623 年出版的《第一對開本》扉頁，收錄 36 部莎士比亞劇作。

一網打盡！你所不知道的莎劇小知識

莎士比亞在哪些劇作中安排了「戲中戲」？

在《哈姆雷特》中，王子安排街頭藝人為國王克勞狄斯及諸王公貴族上演一場《捕鼠器》的戲，便是以戲中戲的方式，來諷刺國王殺兄娶嫂的內幕，也為故事帶來強大的張力。另外，《仲夏夜之夢》、《愛的徒勞》、《馴悍記》也安排了戲中戲，進一步推動情節的發展。

© Wikimedia Commons
◀《第二四開本》的哈姆雷特，1604 年。

莎士比亞只用了十四天就完成了哪齣戲？

莎士比亞奉伊利莎白女王之命，僅用了兩星期完成喜劇《溫莎的風流婦人》，但由於過於匆促，原文缺少字字句句的精雕細琢，且夾雜了不少雙關語和外來語，因此被批評有點「急就章」。

莎士比亞的哪一齣戲彷彿受到可怕的詛咒？

© Wikimedia Commons
▲ 馬克白之死，第 4 幕第 15 場

《馬克白》在十六世紀首演時，飾演馬克白夫人的演員病死在舞台上。而後層出不窮的意外事件接二連三地發生，還真令人毛骨悚然，例如：1849年，現場觀眾太過入戲，要求劇中馬克白夫人應受到懲罰，因此發生了暴動，最後竟造成 30 人死亡的慘劇。1937 年，英國演員勞倫斯・奧立維耶飾演馬克白一角時，差點被從天而降的巨型舞台燈砸中。

莎士比亞替哪一齣戲寫了四十個場景？

《安東尼與克麗奧佩托拉》這部悲劇深刻描寫了愛情與戰爭的種種，內容充滿了感性與戲劇張力，羅馬帝國場景間的快速切換，讓整齣戲更有看頭，從頭到尾共換了 40 個場景，希望透過場景的多變化，帶領觀眾前往無止盡的想像空間。

《威尼斯商人》中的重要角色「夏洛克」，為什麼是猶太人？

夏洛克雖然只是莎士比亞筆下的文學人物，但在劇中的遭遇，卻代表了整個猶太民族真實的歷史境遇，也反映了歐洲當時的反猶主義浪潮。大多數的猶太人都信仰猶太教，他們對於自己身為猶太人有著強烈的優越感，而這種優越感，卻也帶來世人褒貶不一的態度。若從猶太文化及歷史角度切入，不難發現夏洛克儘管可惡可厭，亦有其可悲可憫之處。

莎劇中人物的七十四種死法，哪一種死法最多？

近年大受歡迎的美劇《權力遊戲》裡，編劇毫不手軟地，在 50 集中殺死了 61 個角色，被觀眾議論紛紛，但「薑是老的辣」，莎士比亞在 38 部劇作裡，安排了 74 個角色死亡，其中有 30 個角色都是被刺死的。

謎樣的存在！莎士比亞的真面目

聞名世界的莎士比亞，寫過無數曠世巨作，但你知道莎士比亞這個名字，只是他在英國倫敦創作劇本時用的筆名嗎？想不到吧？如此謎樣的世界級文豪，有著許多斜槓身分之外，他的真實身世和背景，更引發後世諸多揣測！

精明的商人？

在莎士比亞的家鄉，人們對他更熟悉的職業，是一位經商有成的商人，他有商業頭腦、充滿事業心，經商賺了不少錢，名下更擁有不少不動產。

下鄉教過書？

如果你的老師是莎士比亞，那這門課肯定非常有趣吧？曾有傳言指出，莎士比亞在鄉下地方的學校教過書。

馬匹管理員？

莎士比亞一開始對劇場感興趣，是因為他在倫敦的劇場擔任過看管觀眾馬匹的工作，如果以現代來說的話，就是類似停車場管理員或餐廳泊車小弟。

文學家團體？

由於莎士比亞是筆名，加上自古至今人們不斷對他有過不少猜測，因此有人認為莎士比亞這個名字，說不定只是一群熱愛創作戲劇的人共同使用的筆名，而非一個人。

跑龍套演員？

　　16 世紀末期，莎士比亞已寫過不少劇本和十四行詩，但那時他在倫敦主要的工作其實是演員。他不但在其他劇團當過演員，也在自己的戲中跑過龍套，《哈姆雷特》中的鬼魂就是他演的！

劇場提詞人？

　　在劇場擔任雜役工作後，莎士比亞被劇場老闆的兒子發掘他的戲劇天賦，於是指派他擔任提詞人，協助演員在演戲時不會忘詞，沒想到這一試獲得讚賞，也順道開啟他的劇場演員之路。

劇場創業家？

　　莎士比亞在窮困潦倒時到劇場打過工，在他寫出大受歡迎的作品後，也經營過劇場，成為劇場的負責人，選擇以自己的興趣作為創業志業，果然是一生劇場人。

英國女王？

　　莎士比亞的劇場時代，禁止女性演員登台演出，只有男性演員可以上台。因此有人猜測，搞不好他就是英國女王伊莉莎白一世，卻故意假裝自己是莎士比亞，才能過足戲癮上台出演。

❧ 戲看人生！莎士比亞與環球劇場 ❧

1599 年在倫敦建造的環球劇場，是座三層開放式的圓形劇場，能容納約三千名觀眾。當時只要花一個便士，就能站著觀看演出，劇場四周則有類似現代體育場三層的座位區，想要坐著看，花費自然較高。17 世紀時，莎士比亞大多數的作品都在這裡演出，身為股東的他，也因為經營劇場獲得豐厚的財富。

© Wikimedia Commons
▲1613 年環球劇場毀於大火，1614 年重建完成，1642 年因清教徒事件而關閉。

環球劇場的長方形舞台能延伸至劇場中間，舞台及天花板都設有活板門，好讓表演者能從舞台下方登上舞台，或利用繩索依劇情設計從天而降，而舞台後牆有兩三個小門，可以通往演員換裝、等待上場的後台，舞台上方則有一座陽台可做為場景布置，如《羅密歐與朱麗葉》中的陽台就以此為戲中場景。

當時所有的演出都是在白天，以自然光線代替舞台燈，就連舞台布景的變換，也都毫不遮掩地直接呈現在觀眾面前，充分讓觀眾與戲劇融合為一，完全零距離。

© Reconstruction of Shakespeare's Globe Theatre by Anthony O'Neil,Wikimedia Commons
▲1997 年新劇場落成，命名為莎士比亞環球劇場，距離原址約 205 公尺遠。

莎士比亞希望觀眾能完整地感受到整齣戲的細節，不管是幕前還是幕後，期望觀眾自覺自己就是戲劇的一部分，是劇場的一分子。

© Steve Collis from Melbourne, Australia,Wikimedia Commons
▲ 莎士比亞環球劇場內部

尋找莎士比亞的足跡

遇見莎士比亞，為旅途增添文學氣息

莎士比亞戲劇之鄉
—— 史特拉福（Stratford-Upon-Avon）

　　莎士比亞的故鄉「史特拉福」位於英國的中部，這裡原本只是一座默默無名的純樸小鎮，名聲遠不及大家熟知的英國大城市伯明罕、牛津。但一切就在莎士比亞出名後大逆轉，史特拉福因他聲名大噪，這座充滿濃厚文學氣息的小鎮，是喜愛英國文學或崇拜莎士比亞的人到英國旅遊時不可錯過的景點。史特拉福也是「皇家莎士比亞劇團」的發源地，跨世紀吸引了許多喜愛莎士比亞的粉絲慕名前往。1769 年起，知名演員兼劇作家加里克（David Garrick）為莎士比亞企劃了全球第一場慶典活動，讓莎士比亞的故鄉再次成了矚目焦點，後來相關慶典活動，更成為史特拉福吸引遊客的主要賣點。

✸ 亨利街 —— 皆大歡喜的小丑雕像

　　史特拉福最主要的大街「亨利街（Henley Street）」，有座青銅色的小丑雕像（A worthy fool）十分顯眼，人們一見它就笑，是座栩栩如生、充滿歡樂感的雕像，它是莎士比亞著名喜劇《皆大歡喜（As You Like It）》裡的角色。在這座雕像下，還刻著該劇經典台詞：

© Rept0n1x,Kenneth Allen,Wikimedia Commons

"o, noble fool! A worthy fool!"
　（高貴的傻瓜，可敬的傻瓜！）
"The fool doth think he is wise,
　but the wise man knows himself to be a fool"
　（傻瓜總是自以為聰明，而智者卻認為自己是傻瓜。）

∞ 莎士比亞出生地及故居 —— 探尋他的生命軌跡

崇拜莎士比亞的文學迷，到了史特拉福朝聖的話，絕不能錯過的主要景點就是位於亨利街上的莎士比亞故居了。旅遊旺季時這條主要大街商店林立，吸引著絡繹不絕的遊客，人潮雖多，但因街道寬敞，走在其中不覺擁擠，反倒略感愜意。在街上首先可以看到外觀建築十分

▲ 莎士比亞中心入口處

顯眼的「莎士比亞中心」，裡面保存了不少和莎士比亞相關的珍藏和文物，但目前因故未對外開放。

經過「莎士比亞中心」後，美麗的花園映入眼簾，宛如置身於繪本中的一頁，這座花園建於十九世紀，園內種植著色彩繽紛的花朵和植物，就像是莎士比亞多姿多彩的豐富創作，迷人萬分！花園裡有個迷你

小小劇場，隨時上演著莎士比亞的舞台劇，遊客還能即興要求表演者演出任何一齣莎劇，坐在這裡的戶外座椅上，悠閒地欣賞莎翁的舞台劇，感受一下英國文學氣息，絕對是最難忘的旅遊回憶。

▲ 中庭花園的背後，即為莎士比亞的故居。

莎士比亞故居的建築物，是棟兩層樓的都鐸式建築，即使歷經數百年的歲月風霜，但在細心整修和維護下，時至今日，還能看到最接近原始的風華樣貌。而透過房內的各種擺設，彷彿穿越劇般，把人拉回了英國百年前中產階級的日常生活，

© Tony Hisgett, Wikimedia Commons
▲ 莎士比亞的故居，有著典型的都鐸式建築外觀。

從臥房、書房、廚房、家具、壁爐……等細節來看，也再次證明莎士比亞從小家境優渥。

一樓的最深處有個「手套皮革工作坊」，會在故居裡設置這個工作坊的原因，在於莎士比亞的父親是位皮製手套商人。二樓最引人注意的地方，就屬莎士比亞出生的房間了，床上擺著嬰兒玩具，房內還有嬰兒搖床、鞋子……等用品，完完全全重現當時的房間樣貌。床緣的繩索讓許多遊客十分好奇，現場也特別繪製解說圖，因為當時的床墊不是放在床架上，而是放十字交疊的繩索上，睡覺前，需要把繩索拉緊才能睡得安穩，也因此英國人在睡前道晚安時會習慣說「sleep tight」而非「good night」。

© Ozeye, Wikimedia Commons
▲ 窗台擺放著莎翁的半身雕像。

❧ 安海瑟薇小屋——莎士比亞求婚之地

離開莎翁故居步行約 1.5 公里，就會看到一座漂亮的茅草小屋，這

裡是莎士比亞妻子安海瑟薇的故居。婚前，莎士比亞每天來此探望她，如此深情繾綣，更增添了些許的浪漫。從小屋的外觀或室內佈置上來看，不難發現安海瑟薇也是出生於富裕家庭之中，而屋裡也保留了她的床、梳妝台等家具，讓人得以一窺當時的生活樣貌。

© Tony Hisgett from Birmingham,UK,Wikimedia Commons
▲ 安海瑟屋小屋曾遭祝融，經重新整建後才回復原狀。

　　小屋的後面，還有非常美麗的後花園，每逢百花盛放，漫步其中，彷彿置身於童話世界，如夢似幻的景緻，令人流連忘返。

旅 遊 資 訊

莎士比亞出生地（Shakespeare's Birthplace）
◇ **開放時間**：每天 10:00 ～ 16:00（最後入館時間 15:30）
◇ **交通方式**：從史特拉福火車站步行約 10 分鐘，即可抵達亨利街，「莎士比亞出生地」就位於這條街上，而他及其他家人的故居，也都位於這一帶散步可及之處。
◇ **參觀費用**：請事先上網訂票 www.shakespeare.org.uk/visit，可選定單一館別參觀購票，或訂購優惠套票，票價依年齡層不同。
◇ **官方臉書**：www.facebook.com/ShakespeareBT

　　目前莎士比亞故居（Shakespeare's New Place）、安海瑟薇小屋（Anne Hathaway's Cottage）關閉至 2022 年 3 月 26 日，而「莎士比亞中心（Shakespeare Centre）」、莎士比亞女兒及女婿故居「霍爾園（Hall's Croft）」、莎士比亞母親瑪麗安登故居「Mary Arden's Farm」並未對外開放，開放日未定，請隨時上網掌握最新動態。

❧ 高爾紀念公園——代表莎士比亞四大精神

在雅芳河畔的班克羅夫特花園裡有座「高爾紀念公園」，園內正中間的雕像是莎士比亞，它的四周則有筆下悲劇角色代表「馬克白夫人（Lady Macbeth）」、哲學角色代表「哈姆雷特（Hamlet）」、歷史劇角色代表「海爾王子（Prince Hal）」、喜劇角色代表「法斯塔夫（Falstaff）」，它們貫穿了

© Peter Church,Wikimedia Commons
▲ 喜劇角色代表「法斯塔夫」

莎士比亞悲劇、喜劇、哲學劇、歷史劇的四大精神。這座雕像公園由 Ronald Sutherland 公爵所設計，於 1888 年搬至莎士比亞的家鄉史特拉福，讓喜歡莎士比亞的文學迷多了一處不可不去的朝聖之地。

© Tom Reedy,Wikimedia Commons
◀ 哲學角色代表「哈姆雷特」

旅遊資訊

高爾紀念公園 (Gower Memorial)
◆ 地址：Bancroft Gardens, Bridge Foot, Stratford-upon-Avon, CV37 6AT
◆ 開放時間：全年開放
◆ 參觀費用：免費。

❧ 莎士比亞教室及市政廳—— 一窺他的戲劇啟蒙教育

　　這裡不但是莎士比亞上課的教室，同時也是愛德華六世國王學校及市政廳。童年時期的莎士比亞在此就學，學習了拉丁語、音樂和戲劇表演，他的詩歌及戲劇才華正式受到啟蒙。愛德華六世國王學校是當地的公立學校，由聖十字會於 1295 年成立，

▲ 莎士比亞教室的 Logo 上方還有一隻手及羽毛筆。

目的是教育、培養孩子的閱讀興趣、寫作能力。愛德華六世國王學校歷經了喬治亞及維多利亞時期，直到二十世紀初，擴展為可容納 600 位學生的教育殿堂，甚至還提供學生住宿。

　　這裡保存了兩間與莎士比亞有關的教室供參觀，其中一間教室充滿了都鐸時期的風格，另一間教室重現了十八世紀學生的學校生活。在都鐸教室中，工作人員扮演了校長，替遊客「上課」，讓遊客親身體驗莎士比亞當時上課的情景。教室裡，還擺放了莎士比亞年代使用的古典鵝毛筆，遊客可以自由體驗以鵝毛筆寫字的無窮樂趣。

旅遊資訊

莎士比亞教室及市政廳（Shakespeare's Schoolroom & Guildhall）
◆ **地址**：Church St, Stratford-upon-Avon, Warwickshire, CV37 6HB
◆ **開放時間**：每天 11：00 ～ 17：00，聖誕節、節禮日休館
◆ **參觀費用**：依年齡層不同，請洽官方網站：
　　　　　　www.shakespearesschoolroom.org

❧ 聖三一教堂──莎翁長眠之所

「聖三一教堂」為英國的一級古蹟，它和莎士比亞的關係，從生至死密不可分。1564年4月26日，他出生後在此受洗，受洗的記錄保存至今，陳列在教堂中供人景仰。而莎士比亞過世後的兩天，1616年4月25日，更在此舉行了莊嚴的喪禮，結束一生後，莎士比亞亦埋葬於此。

© DeFacto, Wikimedia Commons
▲ 聖三一教堂的外觀

© Elfineer at English Wikipedia, Wikimedia Commons
▲ 聖三一教堂的牆壁裝飾著造價昂貴的彩繪玻璃，見證這個城鎮曾經的富裕風光。

不僅如此，莎士比亞的妻子及家人們，包括：孫女婿納許、女婿霍爾、女兒蘇姍娜也都長眠在此，因此這裡除了莎士比亞之外，也可以見到他們的墓碑。此外，教堂裡的精緻雕刻更是十五世紀留傳至今的寶物。由於「聖三一教堂」的建築中線並不垂直，所以又被稱為「哭泣的聖堂」。

莎士比亞的一生與「聖三一教堂」關係緊密，為了紀念他，每年到了4月23日前後的週末，這裡都會敲響紀念的鐘聲。來自世界各地愛好文學和戲劇的人，都會將自己精心打扮成莎士比亞筆下的各種角色，以莎士比亞的故居為起點，沿著主要道路遊行，以熱鬧的慶典表達對莎士比亞文學最誠摯的歌頌。

▲ 莎士比亞的墓碑刻有「不妨礙我安息的人將受到保護，移動我屍骨的人將受到詛咒」的字樣。

▲ 聖三一教堂裡有莎士比亞的半身塑像，為遺孀和好朋友建造。

▲ 靠近主祭台的地方排列著莎士比亞、妻子，以及其他家族成員的墓。

旅 遊 資 訊

聖三一教堂（Holy Trinity Church）

◇ 地址：Old Town, Stratford-upon-Avon,Warwickshire, CV37 6BG

◇ 電話：+44-1789-266-316

◇ 開放時間：

三月至十月，星期一至星期六 10:00 起

十一至二月，星期一至星期六 11:00 起

由於閉館時間，依星期而有所不同，請洽官方網站。

全年星期日 12:00 ～ 15:45

◇ 官方網站：www.stratford-upon-avon.org

✄ 皇家莎士比亞劇院 —— 再現莎翁經典戲劇

　　雖然史特拉福是莎士比亞的故鄉，但原本卻沒有任何劇院特別上演他的劇作。直到 1879 年才蓋了一座莎士比亞紀念劇院，卻不幸在 1926 年時燒毀，只留下少部分的歌德式建築，重建計畫於 1932 年完成。為了滿足到此小鎮朝聖的莎士比亞劇迷，1961 年，由皇家莎士比亞公司接管該劇院，並更名為皇家莎士比亞劇院，座落在雅芳河畔的這座劇院，不但有著充滿休閒氣氛的大片草地，更熱鬧上演著莎士比亞著名的劇作。

© DeFacto, Wikimedia Commons

旅遊資訊

皇家莎士比亞劇院（Royal Shakespeare Theatre）
◈ 地址：Waterside,Stratford-upon-Avon,Warwickshire,CV37 6BB
◈ 電話：+44-1789-331-111
◈ 門票及開演時間：依各劇座位與劇種不同（可至官網訂票）
◈ 官方網站：www.rsc.org.uk

莎士比亞劇作賞析

穿越四百年的時空，與莎翁來場邂逅，
一齣齣的經典劇作，道盡人生悲歡離合。

喜劇 1589～1594 年

The Comedy of Errors

《錯中錯》

聽見痛苦的人在折磨下淒厲哀號時，
我們會說：「算了吧，靜一靜。」
但輪到我們遭受同等痛苦時，
我們的抱怨卻有過之而無不及。

A wretched soul, bruised with adversity,
we bid be quiet when we hear it cry.
But were we burdened with light weight of pain,
as much or more would we ourselves complain.

　　《錯中錯》又名《錯誤的喜劇》，改編自拉丁喜劇作家普勞特斯的名劇《Menaechmi》。莎士比亞在原有的孿生兄弟外，又多加了另一對孿生兄弟。一部劇中出現兩對孿生兄弟，除了使角色更加多元外，劇情也更加錯綜複雜。

　　故事描述一位叫伊濟安（Aegeon）的商人，妻子生下一對雙胞胎兄弟，剛好另一對貧窮夫妻也生下一對雙胞胎兄弟，伊濟安便將他們買下作為兒子的僕人。在一次航行中，不幸遇上暴風雨，父親和母親各自帶著一個雙胞胎兒子和僕人獲救。直到兒子 18 歲時，他們來到了同一個城市才重逢。在重逢之前，因為兩對雙胞胎的長相一樣，時常被認錯而鬧出不少笑話，甚至讓整座城陷入混亂中。故事的結尾，父子、兄弟、夫妻一家人終於相認，這才解開了謎團，如同大家最愛的童話故事結局，在重逢後他們展開了幸福的人生。

　　《錯中錯》是莎士比亞創作中最短，僅有 1778 行的喜劇，也是他的首部劇作。劇中情節滑稽引人發噱，而舞台上總以誇張的肢體動作來表現每個角色，是部廣受喜愛的劇作，更是年末娛樂集會經常上演的喜劇。《錯中錯》運用了不少雙關語，此劇也是莎士比亞根據「三一律」所寫的其中一篇（另一篇是暴風雨）。有趣的劇情和角色設定，後來被廣泛應用在歌劇、戲劇、電影和音樂劇，直到現代，仍能引發出許多觀眾的笑聲及掌聲。

喜劇 1589 ～ 1593 年

The Two Gentlemen of Verona

《維洛那二紳士》

陷入戀愛中的人們，不會一無表示。

They do not love that do not show their love.

　　義大利維洛那兩名青年凡倫丁（Valentine）、普洛迪斯（Proteus），雖然是好朋友，個性卻截然不同。凡倫丁積極正面，行事高尚有教養，不願虛度時光，對愛情也非常專一。普洛迪斯則沒有上進心和求知欲，對愛情喜新厭舊，甚至不顧道義出賣朋友。在米蘭，普洛迪斯發現凡倫丁和米蘭公爵的女兒希薇亞（Silvia）相戀，但他也被希薇亞的美貌所吸引，完全忘了自己在家鄉與茱莉亞（Julia）有過山盟海誓。兩男愛上一女，朋友間的道義與愛情的力量產生衝突。

　　米蘭公爵不同意女兒的戀情，希望她嫁給修里奧，不巧凡倫丁和希薇亞私奔的計畫，被普洛迪斯故意洩漏給公爵，凡倫丁遭到放逐。而裝扮成男裝的茱莉亞無意間聽到此事，傷心欲絕。而後凡倫丁怒斥普洛迪斯的負心行為，使他良心發現，而修里奧亦不願與凡倫丁決鬥爭奪希薇亞，米蘭公爵只好答應女兒嫁給凡倫丁，普洛迪斯也再次發現茱莉亞才是真愛，於是兩對戀人終於團圓，各自過著幸福的日子。

　　在所有的莎士比亞戲劇中，《維洛那二紳士》的演員陣容是最小的，雖然是圓滿的喜劇結局，字裡行間也充滿了樂觀的精神，但其中卻藏有陰暗之處。此劇與莎士比亞其他的喜劇一樣，主題為愛情、友誼、婚姻，讚頌人文主義的理想，批判封建制度和資產階級。透過角色人物形象的塑造，男男女女都有著至高無上的情操，對愛情忠貞不二，對友情講求道義，人文主義者欲追求的美好境界，在這部劇作中獲得肯定。

喜劇 1593 ～ 1594 年

The Taming of the Shrew

《馴悍記》

頭暈目眩的人，以為世界也正天旋地轉。

He who is dizzy thinks the world is spinning.

　　帕多瓦商人巴普提斯塔（Baptista）有兩個女兒，大女兒凱瑟麗娜（Katherina）兇悍潑辣、情緒變化劇烈，小女兒琵央加（Bianca）剛好相反，溫柔美麗，是許多男人夢寐以求的對象，追求者眾多。父親立下誓言：大女兒出嫁後，小女兒才能結婚。琵央加的追求者相當煩惱，決定想辦法為「悍婦」凱瑟麗娜找個丈夫嫁了，這樣他們才有機會娶到琵央加。終於，有個不有錢的男人彼特魯喬（Petruchio）出現了，他聽說娶凱瑟麗娜可獲得一大筆的嫁妝，決定向其他男人唯恐避之不及的凱瑟麗娜求婚。

　　彼特魯喬追求凱瑟麗娜時，展現他毫不遜色於凱瑟麗娜的聰慧靈敏，於是很快就「抱得悍婦歸」，與凱瑟麗娜成婚，如願獲得豐厚的嫁妝。婚後，彼特魯喬將她帶回家，以暴制暴，展開了他瘋狂又不人道的馴服計畫，例如：不讓她睡覺、不讓她吃東西、把為她買的漂亮衣服撕破。為了躲避彼特魯喬的折磨，凱瑟麗娜決定服從，就此成為失去自我的溫柔賢妻。當夫妻兩人回帕多瓦參加妹妹琵央加的婚禮時，凱瑟麗娜向其他人表示，如果她丈夫說太陽是月亮、月亮是太陽，她也會聽從這個說法，不會違背丈夫，她極大的轉變真是不可思議。

　　《馴悍記》反映的正是十六世紀末、十七世紀初，富家千金和未婚青年的生活狀況和愛情觀念，不過，由金錢主導而結合的婚姻，會擁有真正的幸福嗎？雖然他們是夫妻，但劇中卻沒有一處場景是浪漫、相愛的畫面，全劇皆由「馴服」貫穿。以現代女性主義來解析本劇，劇情和角色設定都有點貶低女性的意味，結局更是引起女性主義者強烈反彈。然而當時莎士比亞之所以創作此劇，只不過是英國社會各階層的小小縮影罷了。

悲劇 1594 年

Romeo and Juliet

《羅密歐與茱麗葉》

我該消失般地活著，還是留在這裡死去。

I must be gone and live, or stay and die.

　　義大利兩大家族的兒女羅密歐（Romeo）和茱麗葉（Juliet），在舞會上邂逅而一見鍾情，交往後才發現彼此的家庭是世仇，但為了堅守愛情，他們決定私訂終身、在教堂成婚。羅密歐後來因殺死茱麗葉的表哥而遭到流放，而茱麗葉為了逃避父母安排的另一椿婚事，與羅密歐繼續在一起，選擇服藥昏睡製造自殺的假象，不幸的是，她醒來後發現羅密歐以為她自殺了，於是在一旁自我了結，最終她也跟著殉情。

　　這場愛情悲劇發生的關鍵因素是，羅密歐沒有收到茱麗葉告知是假死的信，而原本負責送信的是勞倫斯神父的師弟約翰，他送信前找了同門修士做同伴，但當時瘟疫流行，他們陰錯陽差進入某戶染疫的人家，而後就被封鎖在裡面出不來，因此茱麗葉的信沒有如期送到羅密歐手中，約翰也找不到人替他代為送信，當時的社會，人人都擔心被瘟疫傳染，誰也不想多與人有所接觸。

　　若由宗教觀點來看，羅密歐與茱麗葉的愛情註定是悲劇，因為當時的宗教都認為瘟疫襲擊是神懲罰人類罪惡的方式，而上帝降罪是源於人類道德上的不潔。羅密歐的罪過之一，是他在對茱麗葉一見鍾情後，拋棄了曾經深愛的羅瑟琳。羅密歐的罪過之二，是他殺死了茱麗葉的表哥，使家族之間的仇恨加劇。而罪過之三是，茱麗葉當時僅十四歲，在倡導貞潔和禁慾的宗教看來絕對也是罪。替兩人證婚的勞倫斯神父更成為這齣悲劇的推手，但這也顯示了當時教會漸趨世俗化。

喜劇 1595 年

A Midsummer Night's Dream

《仲夏夜之夢》

愛情不是眼見為憑，而是用心靈去感受。

Love looks not with the eyes but with the mind.

© John Simmons, Wikimedia Commons

　　《仲夏夜之夢》敘述雅典城戀人赫米婭（Hermia）和拉山德（Lysander）的愛情故事，荷米亞的父親反對他們交往，甚至要求公爵下令拆散他們，希望女兒嫁給另一名男子狄米特律斯（Demetrius），若女兒不服從命令就得被判死刑。但相愛的赫米婭和拉山德，希望結婚共度下半輩子，且因狄米特律斯曾追求過赫米婭的閨密海麗娜（Helena），讓赫米婭對這名男子反感至極。為了追尋愛情，赫米婭決定與拉山德私奔逃出雅典城。海麗娜得知赫米婭和拉山德的脫逃計畫後，也追隨他們一起逃出雅典城，並把這個秘密透漏給她深愛的狄米特律斯，於是四人都離開了雅典城。

　　逃離雅典城闖入廣大的森林裡，仙王為了幫助海麗娜贏得狄米特律斯的心，命令屬下帕克趁狄米特律斯熟睡時，把愛情靈藥滴在他的眼瞼上，好讓他醒來愛上第一眼見到的海麗娜。無奈帕克搞錯人了，把愛情靈藥滴在拉山德的眼瞼上，他醒來見到的第一個人竟是海麗娜，原本的好意變成了惡作劇，四人感情更加複雜。

　　神聖的雅典城與隱密的森林、真實情況與夢中情境，兩兩對比的元素，讓整齣劇從頭到尾扣人心弦。雅典城象徵了君王的權力、社會機制、父權思想，而森林則代表了不受拘束的空間、神祕且不可預測的狀況。在西方文化中，原本就有「仲夏瘋（midsummer madness）」的傳言，正是對這齣戲最好的解釋，而黎明到來時，失序就會回歸正軌，也呼應此劇的結尾。

喜劇 1596 年

The Merchant of Venice

《維尼斯商人》

愛情是盲目的，戀人總是看不清自己有多傻。

But love is blind,
and lovers cannot see the pretty follies that themselves commit.

© Wikimedia Commons

　　威尼斯的猶太商人夏洛克（Shylock）專靠放高利貸賺取大筆錢財，為人苛薄的他，討債時總是凶狠惡劣。相比之下，另一位義大利年輕商人安東尼（Antonio）就十分仁慈，他常無息借貸給需要幫助的人，安東尼的家境優渥且樂於助人，受到許多人的喜愛。因為夏洛克和安東尼是不同類型的商人，彼此都厭惡對方，壞心眼的夏洛克甚至想算計安東尼，希望有天能抓住他的把柄陷他於不義。

　　安東尼有名好友叫巴薩尼奧（Bassanio），雖出生於貴族，但喜好揮霍，把家產都敗光了。巴薩尼奧希望向安東尼借三千枚金幣到柏西亞家求婚，但安東尼沒那麼多錢，於是他只好向夏洛克借貸，夏洛克竟一反常態，答應無息借給安東尼，但要求他簽下不合理的條款，若到還款期限無法履約，就要從他身上割下一磅肉。沒想到安東尼卻因商船觸礁無法如期還款，正打算接受違約懲罰時，巴薩尼奧聰明的妻子柏西亞（Portia）運用了智慧，不但保住了安東尼的性命，也成功讓夏洛克接受法律的制裁。

　　《威尼斯商人》是莎士比亞頗受歡迎的一齣戲，尤其是壞人最後受到懲罰，這個結局大快人心，但因故事牽扯的宗教議題備受爭議，也引起不少討論，究竟這齣戲是反猶太人的作品，還是揭露基督教徒偽善的面具呢？除了種族與宗教問題引人省思外，其中可貴的愛情、婚姻與友情，透過角色和情節的巧妙安排，都讓這部作品成為高潮迭起的精采好戲。

喜劇 1598 年

Much Ado About Nothing

《無事生非》

所有的人都知道如何擺脫痛苦，
除了真正處於痛苦中的人。

*Everyone knows how to overcome an injury
except the one who actually has one.*

© Alfred W. Elmore, Wikimedia Commons

　　這是一齣以「求婚」為主題的喜劇，比起莎士比亞的其他喜劇，《無事生非》在場景安排和主角對白，都較接近真實生活，如同你我周遭會發生的事情一般。劇中兩對情侶的發展過程各有不同，克勞狄奧（Claudio）向希洛（Hero）求婚，得到希洛父親的允許，但因謠言致使克勞狄奧上當受騙，以為希洛是不潔的女子而當面侮辱希洛，還差點致希洛於死，幸好後來查出真相，最後克勞狄奧與希洛重歸舊好，順利走向婚姻之路。

　　另一對情侶培尼狄克（Benedick）和貝特麗絲（Beatrice）原本是冤家，兩人個性自大驕傲，蔑視婚姻制度，但在親王善意的安排下，雙方都誤以為對方愛戀自己，原本傲嬌的態度從此軟化，並且漸漸動了真情，互相為之傾倒，雖然這段感情像是弄假成真，但他們最終也走向婚姻的殿堂。這兩條感情線儘管發展的過程不同，但結局皆為完美的結合，四位個性鮮明的角色，算是世上男男女女的代表，觀眾看這齣戲時，很容易把角色投射到自己身上而產生共鳴。

　　莎士比亞在寫《無事生非》時，是他創作最成熟的時期，內容不但妙趣橫生，故事啟發性也富有哲理，角色展現出的性格和心理的糾葛，都是使這齣喜劇成功的原因。在伊莉莎白時期的英國，「nothing（無事）」的發音與「noting（記錄、竊聽）」極為相似，因此《無事生非》的劇名也有「竊聽生非」的雙關語。「竊聽」的劇情在本劇常常出現，而且往往是不可缺少的情節，更是角色間造成誤會或真相大白的關鍵劇情。

喜劇 1599 年

As You Like It

《皆大歡喜》

全世界是座舞台，所有男女都只是演員，
有退場也有登場的時候……

All the world's a stage. And all the men and women are merely players.
They have their exists and their entrances……

　　《皆大歡喜》由三條故事線所組成：一是貴族奧列佛（Oliver）計畫謀取弟弟奧蘭多（Orlando）的性命和繼承的遺產，奧蘭多因此被迫逃入亞登森林求生；二是法國老公爵被弟弟弗萊里克（Frederick）篡奪了爵位，流放到亞登森林；三是羅瑟琳（Rosalind）被篡奪爵位成功的叔叔驅逐，在堂妹希莉亞（Celia）的陪伴下，姊妹倆一起投奔亞登森林。這三條故事線的劇情集中在亞登森林中，這些正面角色的生活、友誼、愛情，在森林中開花結果，故事結尾不但有情人終成眷屬，惡人也徹底悔改，就如同劇名一般「皆大歡喜」！

　　莎士比亞在《皆大歡喜》裡描繪了他所嚮往的理想世界。劇中的亞登森林，象徵他希望人們自由自在地生活，沒有憤世忌俗、勾心鬥角、忘恩負義、自私自利，希望藉由大自然的形象，提醒人們要以道德為正面力量，啟發人基本的同情心和善念。透過這部作品，不難感受到莎士比亞認為善可以感化惡，善的循環得以讓全人類都獲得幸福。

　　莎士比亞童年生活的史特拉福，周圍有一大片茂密的森林，他從小就聽長輩們說過不少關於這片森林的各種傳說。據說莎士比亞小時候，經常和羅瑟琳到森林裡玩，有次她不小心扭傷了，他趕緊背起她離開，而他這位兒時玩伴羅瑟琳，正是《皆大歡喜》裡的原型人物。

悲劇 1600 年

Hamlet

《哈姆雷特》

送禮的人若不是出於真心，
再貴重的禮物也失去它的價值。

Rich gifts wax poor when givers prove unkind.

　　《哈姆雷特》又名《王子復仇記》，是莎士比亞最長篇的劇作，故事敘述丹麥國王突然離世，正在德國威登堡大學唸書的丹麥王子哈姆雷特，接獲父親的死訊，立即趕回丹麥奔喪。然而回國後等待著他的，竟是叔父的登基儀式以及母親匆忙改嫁叔父的消息。母親對父親的忠誠在短時間內大轉變，讓身為兒子的哈姆雷特無法諒解，且父親突然死去、叔父接著登基一事，也讓他覺得疑點重重，因此在宮廷中魂不守舍想查明真相。

　　某日，宮廷衛兵告訴哈姆雷特，晚上守衛時見到他父親了，哈姆雷特起初不相信，因為父親已經去世了，但衛兵卻說連續兩天都見到，且告訴衛兵他想見哈姆雷特一面。第三天晚上，哈姆雷特決定跟著衛兵守在宮廷外等候，父親的幽靈真的出現了！父親還告訴他自己真正的死因，原來，叔父以毒藥害死父親。得知實情的哈姆雷特非常震驚，內心晴天霹靂，同時也擔心母親無法接受事實。最後，雖然哈姆雷特為父報仇成功，但自己也犧牲了生命，壯烈的悲劇結局撼動人心。

　　此劇是莎士比亞最負盛名的作品，也是被人引用最多的劇作。《哈姆雷特》表達了人類情感的多元主題：生與死、愛與恨、善與惡。而人生的變幻無常和無法主宰，使得主角的內心更加錯綜複雜。這部作品被文學界討論最多的是《哈姆雷特》中最經典的名言：「生存還是毀滅，這是個難題。」不管是奮力活著反抗，或是以血肉之軀承受打擊，都是一項不容易的決定。

喜劇 1601 年

Twelfth Night

《第十二夜》

如果音樂是愛情的糧食，那就繼續演奏吧；
盡量演奏不要停，讓愛情因吃得過量而噎死。

If music be the food of love, play on; give me excess of it, that, surfeiting.
The appetite may sicken, and so die.

　　《第十二夜》的別名為《隨心所欲》，故事敘述失散多年的孿生兄妹——薇奧拉（Viola）和西巴斯辛（Sebastian），在船難中走散了，妹妹為了謀生，只好女扮男裝，以假名西薩里奧（Cesario）到伊利里亞當奧西諾公爵（Duke Orsino）的僕人，後來愛上這位公爵，但公爵暗戀的是奧莉維亞（Olivia）。沒想到愛情就是這麼捉弄人，奧莉維亞看到薇奧拉來送信而愛上她，不知道她其實是女人，但奧莉維亞卻被叔父逼迫要嫁給安德魯（Andrew），安德魯只好跑去跟扮成男裝的薇奧拉決鬥。

　　薇奧拉的孿生哥哥西巴斯辛，則被海盜船長安東尼奧（Antonio）所救，某日，他們也剛好到了伊利里亞，安東尼奧看到薇奧拉和安德魯正在決鬥，誤把女扮男裝的薇奧拉當成哥哥西巴斯辛，二話不說上前助陣。而奧莉維亞看到哥哥西巴斯辛，也誤把他當成女扮男裝的薇奧拉對他告白，沒想到陰錯陽差，西巴斯辛對奧莉維亞一見鍾情，兩人決定結婚。而失散多年的孿生兄妹也因為一場決鬥重逢了，奧西諾公爵也察覺到薇奧拉對自己的心意而決定成婚，有情人終成眷屬。

　　《第十二夜》是部極為輕鬆的喜劇，除了偽裝真實身分、反串性別的劇情製造不少笑點外，故事中的三條單戀線，也讓觀眾時不時看著跟著臉紅心跳，同時感受到男男女女對愛情的渴望。開場第一幕一開始，公爵以十四行詩對奧莉維亞表示愛情的渴望，也讓人察覺到莎士比亞真是個對愛情理解透澈的達人。

喜劇 1601～1602 年

All's Well That Ends Well

《終成眷屬》

關愛所有人，相信少數人，不對任何人做虧心事。

Love all, trust a few, do wrong to none.

　　古老的民間故事裡，出身卑賤卻智勇雙全的青年，往往在達成艱難的任務後，國王或公爵就會把美麗的公主許配給他作為獎賞。而莎士比亞《終成眷屬》的故事線與此相似，只是性別對調了。性別對調的角色安排並非莎士比亞獨創，而是源自於 1575 年修訂的英譯故事集《愉悅的殿堂》，此書收錄了薄伽丘《十日談》裡的故事，女主角治癒國王，因此兩度獲得夫婿。

　　《終成眷屬》裡，艾蓮娜（Elena）以神奇藥草治好國王的怪病，國王安排她與暗戀已久的貝特漢（Beitham）成婚，但貝特漢不滿這椿婚事，憤而遠赴義大利從軍，還在當地愛上了另一個女人黛安娜（Diana）。被遺棄的艾蓮娜傷心出走，途經義大利得知貝特漢的消息，於是假扮為黛安娜與他共度一宵，交換定情戒指。貝特漢後來只能履行自己的承諾與艾蓮娜成婚，運用智謀再次獲得貝特漢的艾蓮娜，如願成為伯爵夫人，而國王也賜予黛安娜一名貴族丈夫。

　　此劇和莎士比亞其他喜劇模式不大一樣，其他喜劇的主角，都需經過一番磨難才能獲得圓滿的結局，但《終成眷屬》看似完美收場的結局，卻讓看劇的人產生預期落差，反而擔心起黛安娜會步上艾蓮娜與貝特漢的後塵。因此有評論家將此劇定義為「陰鬱喜劇（dark comedy）」，而不以一般的喜劇來看待。

悲劇 1602 ～ 1603 年

Othello

《奧賽羅》

在殺你之前親吻了你，接著自殺，
那麼我就能在你的吻中死去。

I kissed you before I killed you.
Now, killing myself, I'm dying while I kiss you again.

© Frederick Richard Pickersgill,Wikimedia Commons

　　《奧賽羅》講述一個因忌妒猜疑造成婚姻悲劇的故事。威尼斯的勇將奧賽羅娶了貴族女兒苔絲狄蒙娜（Desdemona），她欣賞奧賽羅坎坷的奮鬥經歷，更看見他內心深處的高貴，因此不顧父親的反對嫁給他。原以為相愛的兩人，婚姻會很美滿，但奧賽羅身邊有位奸惡小人伊阿古（Iago），他非常氣憤奧賽羅重用凱西奧（Cassio）而不是他，於是決定用奸計謀害奧賽羅、凱西奧。

　　伊阿古假裝為了奧賽羅好，不斷暗示他妻子苔絲狄蒙娜對他不貞，更直指苔絲狄蒙娜與凱西奧出軌，奧賽羅聽聞後怒火中燒，甚至開始自我懷疑和缺乏自信，但若沒有明確的證據，他還是不信深愛的妻子會出軌。奸詐的伊阿古為了製造證據，把奧賽羅送給苔絲狄蒙娜的手帕，放到凱西奧房裡，這下「罪證確鑿」了，也成了加害苔絲狄蒙娜的罪名。奧賽羅因此把苔絲狄蒙娜掐死，而她至死都不知道自己究竟犯了什麼錯。真相大白後，奧賽羅發現誤會妻子，羞愧且懊悔地拔劍自殺。

　　《奧賽羅》是齣探討多元主題的作品，其中包括了愛情與嫉妒、輕信與背信、異族通婚、種族歧視，這些都是釀成大悲劇的原因。《奧賽羅》故事節奏明快簡潔，觀眾可以非常連貫地隨著劇情得到各種解答，不會因劇情起伏而糾結太久。而莎士比亞從頭到尾精雕細琢奧賽羅的形象，是本劇最吸引人的地方，他由摯愛和信任轉為嫉妒和仇恨，原本曾是最幸福的愛情擁有者，卻在殺死無辜純潔的妻子後，一切都回不去了。

悲劇 1604 ～ 1606 年

Timon of Athens

《雅典的泰門》

只把弱者扶起來是不夠的，他需要時時有人攙扶。

'Tis not enough to help the feeble up. But to support him after.

　　劇情講述個性純樸的雅典貴族泰門（Timon），平時慷慨樂善好施，許多人吃定了他的大方和單純，阿諛奉承接近他，騙取他的錢財，泰門因此傾家蕩產、負債累累，而這些人看到他身無分文後便離他而去，只剩債主前來逼債。泰門看清一切人性後，故意舉行一場宴會，邀請過去經常找他的達官貴族，這些人以為泰門破產的事是假的，只是故意考驗他們的友情罷了，於是虛情假意前來赴約，泰門見到他們怒不可遏，把熱水潑在他們身上，並狠狠痛罵了一頓，但這些人並無反省認錯之意。

　　泰門的個性從此變得憤世忌俗，決定離開熟悉的城市，躲進偏僻的森林中，平日以樹根充饑，過著原始人般的生活。某天，他在森林裡挖樹根時，竟發現地底下藏有金子，消息一傳出去，再次點燃人們的貪念，更有人特地到森林找他想騙取金子，但被泰門怒斥一頓，他選擇把金子給路過的窮人。對人生感到徹底絕望的泰門，最終在森林裡孤獨地死去。泰門親自撰寫的碑文上，傳遞了對人性本惡的怨念，更希望後世覺醒，學會懺悔。

　　創作這部劇作時，莎士比亞於思想認知上臻至成熟，對社會現象的腐敗或不公，也比以往看得更加透徹。透過他的劇作和筆下人物，可以發現他清楚認知，金錢是社會普遍罪惡的根源，也體悟了理想化的人文主義，在現實生活中實踐的困難度。不過，莎士比亞還是偏向樂觀的態度，希望藉由藝術的力量去沖淡社會的罪惡。

悲劇 1605 年

King Lear

《李爾王》

瘋子帶領瞎子走路，正是這個時代的病態。

'Tis the times' plague, when madmen lead to blind.

© James Barry,Wikimedia Commons

　　年事已高的李爾王決定將政權交給三個女兒，並把國土分為三分，只要誰贏得他的心，他就賜予那位女兒最大的財產。大女兒、二女兒為了取得最大利益，對父親巧言令色，成功騙取了龐大的財產。而不願效法兩個姊姊行徑的小女兒寇蒂麗雅（Cordelia），其實是唯一對父親真心的女兒，但最後什麼都沒獲得，反倒被李爾王痛斥不孝順，甚至還被逐出王國，寇蒂麗雅傷心之餘，和新婚夫婿法蘭西王子離開了父親，而一旁勸阻國王的忠臣肯特（Kent），也被李爾王下令放逐。

　　李爾王的大女兒、二女兒，得到財產和國土後，聯手將父親趕出王國，寇蒂麗雅想幫父親討回公道，便與夫婿領軍攻打姊姊，但不幸兵敗被囚。李爾王眼睜睜看著小女兒被處死，對過去的決定悔不當初，而大女兒、二女兒也在利益衝突下，難逃毀滅的悲慘命運。李爾王此刻才徹底體悟親情與真愛，但一切為時已晚，因他的剛愎自用毀了自己的一切，李爾王只能為小女兒的離世抑鬱而終。

　　莎士比亞透過此劇傳達封建專制與善良本性難以相容，雖然李爾王最終被小女兒的真心感動而大徹大悟，但仍無法收復江山，小女兒也無法重生。有人認為李爾王改過自新、小女兒的善良與真誠應該得到好的彌補，但這齣戲卻以死亡作為結局，讓人覺得有些可惜。不過，這正是莎士比亞企圖展現的結果，他想刻劃出封建制度與人文主義的強烈對比，兩者的極大衝突，終究會釀成無法挽回的悲劇。

悲劇 1606 年

Macbeth

《馬克白》

這是一個傻子說的故事，說得憤慨激昂，
但卻沒有一點意義。

It is a tale told by an idiot, full of sound and fury. Signifying nothing.

　　故事敘述蘇格蘭國王鄧肯（Duncan）十分信賴的兩位大將：將軍馬克白（Macbeth）與部將班戈（Banquo）在某次打完勝仗凱旋歸國的路上，巧遇了三位女巫，女巫們預言馬克白將會成為未來的國王、班戈的子孫之後會繼承王位。不管女巫的預言是真是假，從那刻起，在馬克白心中已產生了漣漪，更點燃了他登上王位的慾望。馬克白把女巫的預言告訴妻子，馬克白夫人比他更有野心，立刻慫恿馬克白奪取上位，夫妻兩人甚至開始謀殺國王的計畫，貪念和慾望由此熊熊燃起。

　　馬克白後來如願順利當上國王，但他內心仍惦記女巫的另一段預言——班戈的子孫會繼承王位，伴隨而來的忐忑不安，讓他決定暗中指派殺手謀殺班戈父子。馬克白在幻想與猜忌的雙重折磨下，最後墮落為一名暴君，選擇以激烈的手段來保護自己，打壓可能對他有敵意的人，而他和他的夫人最終更因內心的折磨，導致情緒起伏大、精神不正常而死亡。

　　《馬克白》是莎士比亞篇幅最短的悲劇，以戲劇對白和舞台方式來呈現，於心理、政治面來剖析人性，洞察追逐權勢而背信棄義的邪惡。莎士比亞時期，人們多半崇信「自然秩序」，深信國王是神所揀選、指派的，王位的高神聖不可侵犯。而馬克白以謀殺國王來奪位，被視為是違反自然秩序，得罪了上天，也因此他最後受到上天的懲罰，與妻子發瘋而死。

悲劇 1607～1608 年

Antony and Cleopatra

《安東尼與克麗奧佩托拉》

如果愛情可以被算計算，那樣的愛情真是可悲。

It would be a pretty stingy love if it could be counted and calculated.

　　古羅馬和古埃及奉行完全不同的生活模式，君主和人民的觀念也大相逕庭。在古羅馬每天都上演著勾心鬥角、你爭我奪的政治戲碼；相反地，在古埃及的宮廷生活則充斥著七情六慾，成天談笑風生、縱情歡樂。然而羅馬的統治者安東尼（Antony）和埃及女王克麗奧佩托拉（Cleopatra）相遇相戀，安東尼把羅馬部分領土送給埃及，克麗奧佩特拉為安東尼應援了軍隊，甚至為他生下三個子女。

　　安東尼接二連三地親近埃及的行動，被西部統治者屋大維指為背叛羅馬，因此出兵攻打，安東尼與克麗奧佩特拉的軍隊，不幸被屋大維的軍隊擊敗，埃及淪入了屋大維之手。安東尼被屋大維的強勢逼到絕境後，他誤以為克麗奧佩特拉自殺了，傷心欲絕的他也跟著了結了自己的生命，沒想到，克麗奧佩特拉並非自殺只是躲起來，但她發現安東尼已不在人世，痛苦萬分，於是最後也自盡了，兩人的愛情故事在羅馬史上，堪稱為奇異的愛情之旅。

　　許多文學家都認為《安東尼與克麗奧佩托拉》是莎士比亞四大悲劇之外最重要的悲劇，故事寓意深刻，且充滿多面向的討論空間。男女主角的形象及歷史背景，不像羅密歐與茱麗葉的愛情那麼單純，牽扯的範圍之廣，包括了國家、政治、軍權、戰爭……等多重因素，因此他們的愛情有著更深層的複雜性和啟示。

悲劇 1610 年

The Tempest

《暴風雨》

落難時不擇夥伴。

Misery acquaints a man with strange bedfellows.

　　米蘭公爵普洛斯彼羅（Prospero）沉迷於書本和魔法，不顧國事，因而被野心勃勃的弟弟安東尼奧（Antonio）篡奪了爵位，普洛斯彼羅和襁褓中的女兒米蘭達（Miranda）被放逐到海上，父女兩人在好心人士的幫忙下，僥倖地逃到一座荒島上存活了下來，他獨自在險惡的環境中扶養女兒長大。在荒島上，普洛斯彼羅以神奇的魔法解救了島上的精靈和唯一的住民土著凱列班（Caliban），還當上了島上的主人，過著與宮廷不一樣的生活。

　　經過了多年，普洛斯彼羅的仇人那不勒斯王剛好經過荒島附近，他藉助精靈的力量呼風喚雨，製造了一場激烈的暴風雨，掀翻了那不勒斯王和兒子斐迪南（Ferdinand）的船。那不勒斯王一行人在船上受盡了折磨，但也在船難中找回了迷失的本性，普洛斯彼羅寬恕了他們過去的罪過，並不計前嫌地把自己的女兒米蘭達嫁給了斐迪南，這結局可謂大翻轉，而普洛斯彼羅後來也恢復了爵位，重返國家治理國事。

　　《暴風雨》的兩大中心思想是和解與接納。劇中主角雖然損失利益，但最終得到了彌補，而邪惡的一方則受到了懲罰和打擊，最後改邪歸正獲得寬恕，莎士比亞晚期的作品皆圍繞著類似的中心思想，想在正反兩方取得平衡。劇中這場關鍵的暴風雨，暗喻了劇中角色內心充滿波濤洶湧的感情，這種激情亦如同自然界的暴風雨一樣，只要等到風平浪靜、雨過天晴，一切就會回歸平靜，這也象徵了好人終究寬恕壞人，雙方最後達成圓滿的和解，而這正是莎士比亞最渴望的結局。

莎士比亞生平年表

年份	大事記	年齡
1564 年	4 月 23 日出生於英格蘭史特拉福，在家中排行第三，也是長男。	0 歲
1565 年	莎士比亞的父親當選史特拉福市參議員，從此成為名門望族。	1 歲
1568 年	莎士比亞的父親當選市長，任期為一年。	4 歲
1571 年	進入愛德華六世國王新學校，學習拉丁文與文學。	7 歲
1572 年	莎士比亞的父親被控非法買賣羊毛，進行商業投機行為。	8 歲
1579 年	因父親事業受挫，輟學工作，貼補家用。	15 歲
1581 年	被推測曾在蘭卡郡當家庭教師	17 歲
1582 年	與年長八歲的安海瑟薇奉子結婚，她為莎士比亞父親的舊識之女。	18 歲
1583 年	長女蘇珊娜出生	19 歲
1585 年	雙胞胎哈姆內特、朱迪思出生。	21 歲
1587 年	離開家鄉史特拉福前往倫敦，開始他的戲劇生涯。	23 歲
1592 年	倫敦的劇場因瘟疫流行而關閉，莎士比亞回到史特拉福。	28 歲
1594 年	室內大臣劇團成立，莎士比亞為其股東、劇作家及演員。	30 歲
1596 年	兒子哈姆內特過世，年僅十一歲。	32 歲
1599 年	環球劇場正式開幕，也是莎士比亞的主要舞台。	35 歲
1601 年	莎士比亞的父親過世	37 歲
1603 年	室內大臣劇團改名為國王劇團	39 歲
1607 年	長女蘇珊娜結婚	43 歲
1608 年	孫女伊莉莎白出生，母親過世。	44 歲
1610 年	不再登台演出，返回家鄉史特拉福居住。	46 歲
1613 年	環球劇場被燒毀，莎士比亞退休。	49 歲
1614 年	環球劇場重建完成，莎士比亞不再入股劇場。	50 歲
1616 年	莎士比亞去世，葬於聖三一教堂，享年 52 歲。	52 歲

莎士比亞作品年表

書寫年份	作品名稱
1589 ～ 1594 年	[戲劇] 錯中錯 The Comedy of Errors
1589 ～ 1593 年	[戲劇] 維洛那二紳士 The Two Gentlemen of Verona
1590 ～ 1595 年	[戲劇] 約翰王 King John
1590 ～ 1592 年	[戲劇] 亨利六世 Henry VI

書寫年份	作品名稱
1593 年	[詩歌] 維納斯與阿多尼斯 Venus and Adonis [戲劇] 理查三世 Richard III
1593～1594 年	[戲劇] 馴悍記 The Taming of the Shrew [戲劇] 泰特斯‧安特洛尼克斯 Titus Andronicus
1594 年	[戲劇] 羅密歐與茱麗葉 Romeo and Juliet [戲劇] 愛的徒勞 Love's Labour's Lost [詩歌] 十四行詩 The Sonnets [詩歌] 魯克麗絲失貞記 The Rape of Lucrece
1595 年	[戲劇] 仲夏夜之夢 A Midsummer Night's Dream [戲劇] 理查二世 Richard II
1596 年	[戲劇] 威尼斯商人 The Merchant of Venice
1596～1597 年	[戲劇] 亨利四世 Henry IV
1597 年	[戲劇] 溫莎的風流婦人 The Merry Wives of Windsor
1598 年	[戲劇] 無事生非 Much Ado About Nothing
1599 年	[戲劇] 皆大歡喜 As You Like It [戲劇] 亨利五世 Henry V [戲劇] 凱撒大帝 Julius Caesar
1600 年	[戲劇] 哈姆雷特 Hamlet
1600～1603 年	[戲劇] 特洛伊羅斯與克瑞西達 Troilus and Cressida
1601 年	[戲劇] 第十二夜 Twelfth Night
1601～1602 年	[戲劇] 終成眷屬 All's Well That End's Well
1602～1603 年	[戲劇] 奧賽羅 Othello
1603 年	[戲劇] 請君入甕 Measure for Measure
1604～1606 年	[戲劇] 雅典的泰門 Timon of Athens
1605 年	[戲劇] 李爾王 King Lear
1606 年	[戲劇] 馬克白 Macbeth
1606～1607 年	[戲劇] 泰爾親王佩力克爾斯 Pericles, Prince of Tyre
1607～1608 年	[戲劇] 安東尼與克麗奧佩托拉 Antony and Cleopatra
1608 年	[戲劇] 科利奧蘭納斯 Coriolanus
1609 年	[戲劇] 辛白林 Cymbeline [戲劇] 冬天的故事 The Winter's Tale
1610 年	[戲劇] 暴風雨 The Tempest
1611 年	[戲劇] 兩貴親 The Two Noble Kinsmen
1612 年	[戲劇] 卡登尼歐 Cardenio
1613 年	[戲劇] 亨利八世 Henry VIII

國家圖書館出版品預行編目 (CIP) 資料

莎士比亞：玫瑰不叫玫瑰，依然芬芳如故，一本
書讀懂英國戲劇之父莎士比亞 / 大風文創編輯部
作 . - 初版 . -- 新北市：大風文創股份有限公司，
2022.02　面；　公分
ISBN 978-626-95315-0-9（平裝）

1. 莎士比亞
（Shakespeare,William, 1564-1616）
2. 傳記

784.18　　　　　　　110017648

線上讀者問卷

關於這本書的任何建議或心得，
歡迎與我們分享。

https://reurl.cc/R08LR6

莎士比亞

玫瑰不叫玫瑰，依然芬芳如故，一本書讀懂英國戲劇之父莎士比亞

作　　　者／大風文創編輯部
主　　　編／林巧玲
特約文字／陳旻侖
封面設計／王筱彤
內頁設計／陳琬綾
發 行 人／張英利
出 版 者／大風文創股份有限公司
電　　　話／(02)2218-0701
傳　　　真／(02)2218-0704
網　　　址／http://windwind.com.tw
E-Mail／rphsale@gmail.com
Facebook／http://www.facebook.com/windwindinternational
地　　　址／231 台灣新北市新店區中正路 499 號 4 樓

台灣地區總經銷／聯合發行股份有限公司
電　　　話／(02)2917-8022
傳　　　真／(02)2915-6276
地　　　址／231 新北市新店區寶橋路 235 巷 6 弄 6 號 2 樓

港澳地區總經銷／豐達出版發行有限公司
電　　　話／(852)2172-6513　傳　　　真／(852)2172-4355
E-Mail／cary@subseasy.com.hk
地　　　址／香港柴灣永泰道 70 號柴灣工業城第二期 1805 室

初版一刷／2022 年 02 月
定　　　價／新台幣 180 元